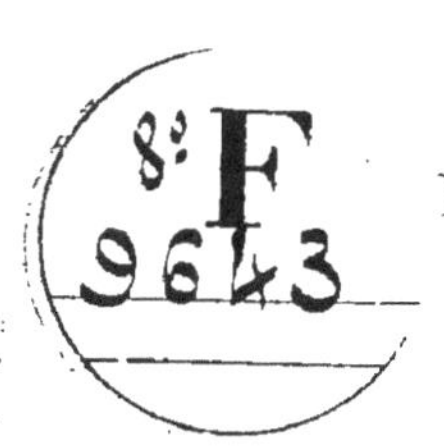

ARRÊTÉS ET RÈGLEMENTS

CONCERNANT

L'ÉCOLE NATIONALE FORESTIÈRE.

PARIS.

IMPRIMERIE NATIONALE.

1897

ARRÊTÉS ET RÈGLEMENTS

CONCERNANT

L'ÉCOLE NATIONALE FORESTIÈRE.

MINISTÈRE DE L'AGRICULTURE.

ÉCOLE NATIONALE FORESTIÈRE.

Arrêté du Président du Conseil, Ministre de l'Agriculture, sur l'organisation de l'École forestière (16 mars 1897).

Arrêté du Conseiller d'État, Directeur des Forêts (20 mars 1897).

Ordre général du Directeur de l'École.

Règlement concernant la comptabilité de l'École.

Arrêté ministériel relatif à l'admission d'élèves externes.

ARRÊTÉ

CONCERNANT

L'ORGANISATION DE L'ÉCOLE NATIONALE FORESTIÈRE.

Le Présiden du Conseil,
Ministre de l'Agriculture,

Sur la proposition du Conseiller d'État, Directeur des Forêts,

ARRÊTE :

PERSONNEL DE L'ÉCOLE.

Personnel d'administration et de surveillance.

ARTICLE PREMIER.

Le personnel d'administration et de surveillance de l'École nationale forestière comprend : un directeur, un sous-directeur, un
inspecteur des études, un commandant militaire, un préparateur
pour le laboratoire, un agent comptable, deux adjudants. Un médecin, agréé par le Directeur des forêts, est chargé du service de
santé.

ART. 2.

L'autorité du directeur s'étend sur toutes les parties du service
et sur tout le personnel administratif et enseignant. L'administration de l'École, la direction de la police et de l'enseignement, la
présidence du Conseil d'instruction lui appartiennent spécialement.

Le directeur correspond seul avec le Directeur de l'administra
tion des forêts et les autorités, ainsi qu'avec les parents des élèves.
Il prend les mesures qui, dans les cas non prévus par les règlements, lui paraissent nécessaires pour maintenir l'ordre et la discipline et pour assurer le succès des études.

Le directeur surveille l'enseignement, assiste, lorsqu'il le juge
convenable, aux leçons et exercices, et règle la marche des examens ou interrogations de cabinet. Il examine les méthodes d'enseignement et propose à la Direction des forêts, après les avoir fait
discuter en Conseil d'instruction, les modifications qu'il juge pro-
pres à perfectionner ou à hâter l'instruction des élèves.

A cet effet, il porte son attention particulière sur les travaux des
élèves, examine ou fait examiner leurs rédactions; les interroge
lui-même ou les fait interroger en sa présence sur certaines parties
des cours qu'ils ont suivis et surveille la tenue de leurs cahiers.

Pendant les travaux qui s'exécutent hors de l'École, le directeur
visite, dans les localités qui leur ont été assignées, les professeurs
et les élèves qui font, sous leurs ordres, des tournées forestières
ou des travaux d'application; il leur donne les conseils dont ils
peuvent avoir besoin pour mettre dans leur travail la précision et la
méthode qu'il comporte, et il s'assure que les instructions reçues
par les professeurs sont complètement exécutées.

Chaque année, il fournit un rapport général rendant compte des
résultats de l'année scolaire, de la situation des études et de tous
les faits relatifs à la gestion de l'École et aux progrès de l'enseignement.

ART. 3.

Le sous-directeur surveille toutes les parties du service et rend
compte au directeur des faits qui peuvent intéresser l'instruction,
l'ordre et la discipline.

Il est secrétaire du Conseil d'instruction.

En cas d'absence ou de maladie du directeur, il le remplace
dans toutes ses attributions et désigne, parmi les professeurs ou
chargés de cours, le secrétaire du Conseil d'instruction.

ART. 4.

L'inspecteur des études est spécialement chargé d'assurer l'exécution des règlements de police et de discipline, tant à l'intérieur qu'à l'extérieur de l'École; il en rend un compte journalier au directeur. Il a sous ses ordres immédiats les adjudants, le portier-consigne, les garçons de salle et les domestiques.

ART. 5.

Le commandant militaire, indépendamment des cours théoriques et pratiques qu'il est chargé de faire, surveille la conduite et la discipline des élèves.

ART. 6.

Les fonctions de l'agent comptable seront déterminées par un règlement ministériel.

ART. 7.

Les adjudants sont chargés de la surveillance des élèves et du service de la bibliothèque et des collections. Ils constatent les infractions à la police et à la discipline, tant à l'intérieur qu'à l'extérieur de l'École.

Les fonctions et les devoirs des adjudants sont réglés par le directeur de l'École.

ART. 8.

Le directeur, le sous-directeur, l'inspecteur des études, le commandant militaire, l'agent comptable et les adjudants sont logés dans les dépendances de l'École.

Personnel enseignant.

ART. 9.

Le personnel enseignant comprend :

Un professeur de sciences forestières et un chargé de cours ;
Un professeur de sciences naturelles et un chargé de cours ;
Un professeur de législation forestière ;

1.

Un professeur de mathématiques appliquées et **un chargé de cours** ;

Un chargé de cours d'art militaire ;

Un chargé de cours de langue allemande.

Personnel du service intérieur.

ART. 10.

Le personnel du service intérieur comprend :

Un portier-consigne, un jardinier, un garde ou brigadier-clairon et le nombre de garçons de salle nécessaires pour assurer le service.

Les devoirs et le service des employés sont déterminés par le directeur de l'École.

Le portier-consigne, le jardinier et les garçons de salle **sont logés** à l'École.

ORGANISATION DE L'ENSEIGNEMENT.

Nature et durée de l'enseignement.

ART. 11.

L'enseignement de l'École comprend les matières ci-après :

Sciences forestières, sciences naturelles appliquées aux forêts, législation forestière, mathématiques appliquées, art **militaire**, langue allemande.

Cet enseignement est réglé conformément aux programmes annexés au présent arrêté.

ART. 12.

Les cours sont de deux années, sauf les exceptions déterminées ci-après par les articles 31 et 33.

Après ces deux années d'école, les élèves qui ont satisfait aux examens de sortie sont nommés gardes généraux stagiaires, s'ils sont reconnus aptes au service militaire par la commission instituée à cet effet.

Toutefois ils ne pourront être pourvus d'un emploi dans le service des forêts qu'après avoir satisfait aux obligations de la loi militaire du 15 juillet 1889.

Emploi du temps.

ART. 13.

L'année scolaire est de dix mois, du 15 octobre au 15 août.

Six mois et demi sont employés aux études théoriques et pratiques; trois mois et demi sont consacrés aux applications sur le terrain, à la préparation des examens de fin d'année et à ces examens mêmes.

ART. 14.

Un tableau de l'emploi du temps, établi par le directeur de l'École, le Conseil d'instruction consulté, règle la distribution des travaux. Il est affiché dans les salles d'étude.

ART. 15.

Pendant le premier semestre, un jour par semaine est consacré à l'instruction pratique des élèves.

ART. 16.

Les travaux pratiques ont lieu sous la direction des professeurs ou des chargés de cours. Lorsque les excursions exigent un déplacement de plus d'une journée, elles sont autorisées par le Directeur de l'Administration des forêts, qui en détermine l'époque et la durée. Dans le cas contraire, elles sont réglées par le directeur de l'École.

ART. 17.

La réglementation générale des heures de travail quotidien sera arrêtée par le Directeur de l'Administration des forêts, sur la proposition du directeur de l'École.

Direction supérieure de l'Enseignement.

ART. 18.

La direction supérieure des études et l'appréciation des méthodes d'enseignement appartiennent au Ministre de l'Agriculture, qui pourra consulter le Conseil de perfectionnement de l'enseignement forestier institué par le décret du 12 mars 1887 (art. 7).

ART. 19.

Un Conseil d'instruction est établi à l'École : il délibère sur toutes les questions relatives au règlement intérieur et aux programmes d'enseignement et d'admission.

Ce conseil est composé, sous la présidence du directeur de l'École, et en son absence sous celle du sous-directeur, de tous les professeurs et chargés de cours.

Il se réunit sur la convocation du président.

Les délibérations sont soumises au Directeur de l'Administration des forêts.

INTERROGATIONS, EXAMENS ET CLASSEMENT DES ÉLÈVES.

Interrogations et examens.

ART. 20.

Les élèves peuvent être interrogés par le professeur pendant la durée des cours. En dehors des leçons, ceux que désigne le directeur sont examinés par les professeurs ou les chargés de cours, autant de fois que cela est jugé nécessaire. Des travaux pratiques et des compositions écrites peuvent remplacer ou accompagner les examens oraux.

ART. 21.

A la fin des cours, les élèves sont classés par ordre de mérite, d'après les notations des examens de cabinet, des compositions et travaux pratiques faits depuis le commencement de l'année.

Les résultats de ce premier classement sont transmis à la Direction des forêts. Ils sont affichés dans les salles d'étude et portés à la connaissance des familles.

Un bulletin sur la conduite et le travail des élèves est, en outre, adressé aux parents, à l'époque du congé de Pâques.

ART. 22.

A la fin de chaque année scolaire, un jury composé de trois membres procède aux examens des élèves. Font partie de ce jury : le directeur ou le sous-directeur de l'École, président, le professeur ou chargé du cours sur lequel porte l'examen et un professeur ou un chargé d'un autre cours.

Le Directeur de l'Administration des forêts ou son délégué assiste, quand il le juge utile, aux examens. Dans ce cas la présidence du jury lui appartient.

Classements.

ART. 23.

Le classement des élèves de première année se fait en prenant pour base une moyenne générale formée :

1° De la notation du classement fait à la suite des cours (art. 21), qui entre pour moitié de sa valeur ;

2° Des notes des examens de fin d'année et des travaux d'application qui entrent pour l'autre moitié.

Le calcul des points obtenus en 2ᵉ année s'établit d'après les mêmes bases.

ART. 24.

Le classement de sortie de l'École se fait par l'addition des points obtenus en première et en deuxième années.

ART. 25.

Le classement est arrêté, à la fin de chaque année et pour chaque division, par un comité composé, sous la présidence du Directeur de l'Administration des forêts ou de son délégué, du directeur de l'École, des professeurs et des chargés de cours.

ART. 26.

Les procès-verbaux de classement de fin d'année et de sortie sont dressés en double minute, signés par tous les membres du comité ci-dessus mentionné, et l'un des doubles, revêtu de la décision du Directeur de l'Administration des forêts, est renvoyé au directeur de l'École.

Notation et coefficient.

ART. 27.

Les notes d'appréciation de tout ordre varient dans l'échelle de 0 à 20.

ART. 28.

L'importance relative des matières de l'enseignement est déterminée par les coefficients suivants :

Sciences forestières	16
Sciences naturelles appliquées aux forêts	12
Législation forestière	12
Mathématiques appliquées	14
Art militaire	10
Langue allemande	10
Conduite et tenue	3

La note de conduite et tenue est donnée par le directeur de l'École.

ART. 29.

Les coefficients visés dans l'article précédent seront répartis entre les examens oraux et les travaux pratiques, suivant une proportion réglée par le Directeur de l'Administration des forêts, sur les propositions du Conseil d'instruction.

Sanction des examens.

ART. 30.

Le classement de sortie de l'École (art. 24), qui est rang d'entrée dans l'Administration des forêts, donne le droit de choisir la résidence de stage.

Les élèves qui, à ce classement, auront obtenu dans l'ensemble des notations, une moyenne générale de 15, seront nommés gardes généraux de 3e classe; ils accompliront néanmoins le stage prévu par l'arrêté ministériel du 31 juillet 1886.

ART. 31.

Sont rayés des cadres les élèves qui, à la fin, soit de la première, soit de la deuxième année d'études, ne réunissent pas pour les notes de l'année correspondante, dans les quatre premières matières de l'enseignement spécifiées à l'article 28, un nombre de points égal à la moitié du nombre total maximum (moyenne générale de 10) qu'il est possible d'obtenir dans ces matières.

Sont également rayés des cadres ceux qui, ayant atteint ou dépassé ce nombre, n'auraient pas obtenu soit en sciences forestières, soit en sciences naturelles, la cote 8, ou dans les autres matières la cote 6.

Toutefois, les élèves visés dans le paragraphe précédent pourront être autorisés à redoubler leur année d'études sans que, dans aucun cas le séjour de l'École puisse dépasser trois années, sous la réserve des règlements militaires.

ART. 32.

Les élèves rayés des cadres dans les cas prévus par l'article précédent peuvent, lorsqu'ils ont satisfait à la loi sur le recrutement de l'armée, être appelés aux fonctions de brigadier dans le service sédentaire.

Ils doivent faire connaître au Directeur de l'Administration des forêts, dans le mois qui suit leur radiation, s'ils sont dans l'intention de profiter de cette disposition.

Deux ans au moins après leur nomination en qualité de brigadier sédentaire, ils seront admis à subir les examens de sortie de l'École devant le jury indiqué en l'article 22; mais ils ne pourront, en cas de succès, être nommés au grade de garde général stagiaire avant d'avoir accompli leur vingt-cinquième année.

ART. 33.

Seront admis à redoubler leur année d'études les élèves qu'une maladie grave, dûment constatée, aura obligés, pendant l'année, à une interruption de travail de quarante-cinq jours au moins.

ART. 34.

Chaque année des prix consistant en médailles, ouvrages scientifiques, instruments de précision ou allocations pour voyages, sont accordés aux élèves de seconde année qui ont présenté le meilleur mémoire sur un travail d'application ayant trait, soit aux sciences forestières ou naturelles, soit au droit ou aux mathématiques appliquées.

Les notes des examens passés dans cette matière pendant les deux années entreront pour le classement dans la proportion de 1/2.

Deux autres prix, consistant en médailles, armes de combat ou instruments de précision, sont donnés aux élèves de première ou de seconde année qui se sont distingués dans les tirs, études et exercices relatifs à l'enseignement militaire.

Le directeur de l'École fixe, chaque année, sur l'avis du Conseil d'instruction, le programme des concours.

ART 35.

Les élèves reçoivent un traitement de 1,200 francs. Ce traitement leur est mandaté mensuellement par le directeur de l'École. Il est soumis à la retenue conformément à la loi du 9 juin 1853.

Les élèves autorisés à redoubler en vertu, soit de l'article 31, soit de l'article 33, ne bénéficient pas des dispositions du présent article.

ART. 36.

Le directeur de l'École est autorisé à faire verser dans la caisse de l'agent comptable la portion du traitement des élèves afférente aux dix mois de leur séjour à l'École.

Ces sommes seront employées : 1° En première année, au payement des frais de nourriture, de salaire des domestiques, de blanchissage de linge et de menus frais de casernement ;

2° En 2ᵉ année, à ce même payement et à celui des chaussures et gants.

L'excédent, s'il y a lieu, sera restitué aux élèves.

POLICE, TENUE ET DISCIPLINE.

Dispositions générales.

ART. 37.

Il est défendu aux élèves de faire aucune démarche collective, de donner des repas de corps et d'y assister, de fréquenter les cafés ou autres établissements de réunion publique, s'ils n'en ont obtenu la permission du directeur et s'ils ne se conforment aux conditions qu'il leur aura imposées.

ART. 38.

L'élève qui a besoin d'un congé en fait la demande motivée au directeur de l'École, qui la soumet, avec ses observations, au Directeur de l'Administration des forêts.

En cas d'urgence, le directeur de l'École peut accorder **un congé**, à charge d'en informer immédiatement l'Administration.

Tenue.

ART. 39.

Les élèves ne peuvent paraître, tant à l'intérieur qu'à l'extérieur de l'École, sans être rigoureusement dans la tenue prescrite.

Des revues fréquentes seront ordonnées pour s'assurer qu'aucune modification n'a été apportée par les élèves à leur tenue réglementaire.

ART. 40.

L'uniforme comporte deux tenues différentes : tenue de ville et tenue de travail.

Tenue de ville. — Tunique jaquette en drap vert foncé, collet droit avec cor de chasse brodé en cannetille d'argent à chaque angle ; deux rangées de cinq boutons chacune, sur le devant, en argent uni de forme demi-sphérique ; pattes à la soubise marquant la taille par derrière ; attente en argent sur les épaules.

Pantalon de drap gris en hiver et de satin de laine de même couleur en été, garni d'une double bande, avec sous-pieds conforme au modèle prescrit pour l'uniforme des agents forestiers.

Képi avec visière carrée et doublée, cor de chasse brodé sur le bandeau et fausse jugulaire en argent, le haut du bandeau garni d'un galon d'argent en lézarde de quinze millimètres sur les coutures verticales du turban, nœud hongrois d'un seul brin sur le calot, et jugulaire en cuir.

Sabre droit à fourreau et garde d'acier, dragonne en cuir verni, ceinturon en cuir verni noir doublé en maroquin vert et piqué avec boucle argentée ; belière en acier, se portant sous la jaquette.

Col blanc fixé à l'intérieur du col de la tunique ; gants de couleur, les jours de la semaine; gants blancs les dimanches et jours fériés.

Tenue de travail.—Veston demi ajusté, passepoilé couleur du fond, croisant sur la poitrine et garni de dix boutons demi-grelots en argent, cinq de chaque côté, également espacés, devant d'un seul morceau avec poche, manches larges et parements droits, patte à crémaillère, dans le dos de la taille, collet droit; pattes d'épaules en drap.

Pantalon comme pour la grande tenue.

Casquette d'uniforme avec cor de chasse au bandeau.

Col blanc fixé à l'intérieur du col du veston.

Vêtements de dessus. — Capote-manteau en drap vert, collet rabattu avec cor de chasse brodé en argent (modèle des officiers d'infanterie), rotonde à capuchon ayant la longueur des manches de la capote.

ART. 41.

La tenue de travail ne sera jamais portée hors de l'École, sauf dans les excursions sur le terrain d'instruction.

Logement.

ART. 42.

Tous les élèves sont logés à l'École. Il leur est défendu d'avoir des chambres en ville, à loyer, ou de quelque manière que ce soit.

ART. 43.

Les élèves sont logés seuls ou deux ensemble. A leur entrée à l'École, la répartition des logements est faite par le directeur, eu égard au rang d'admission.

ART. 44.

Les élèves sont servis à leurs frais par des domestiques au choix

2

du directeur. Les gages de ces domestiques sont fixés par le Directeur de l'Administration des forêts, sur la proposition du directeur de l'École, et le payement en est fait chaque mois par les soins de l'agent comptable, sur les fonds consignés par les élèves.

ART. 45.

Les élèves sont responsables des meubles qui sont à leur disposition, ainsi que des dégradations qui peuvent leur être imputées

Discipline des travaux extérieurs.

ART. 46.

Les élèves, dans les travaux extérieurs, doivent se conformer aux dispositions prescrites par les ordres généraux qui règlent la marche et la durée des exercices, ainsi qu'aux instructions qu'ils pourront recevoir, sur le terrain, des professeurs et fonctionnaires chargés de diriger les opérations.

ART. 47,

Tout élève qui, sans motifs valables, ne se trouve pas aux lieux désignés pour les travaux extérieurs, encourt une punition.

Traiteurs.

ART. 48.

Les élèves sont réunis par division pour prendre leurs repas. Ceux dont les familles habitent Nancy peuvent seuls être dispensés de l'obligation imposée ci-dessus.

Chaque division a un chef désigné par le directeur.

Deux divisions ne peuvent manger à la même table.

Les chefs de division conviennent avec les traiteurs du prix de la pension des élèves. Ce prix, dont le maximum est fixé par le directeur de l'École, est l'objet d'une déclaration certifiée par le traiteur et remise par lui au directeur.

Service de santé.

ART. 49.

Le service de santé est fait chaque jour par **un médecin désigné** à cet effet et qui rend compte immédiat au directeur du résultat de sa visite.

ART. 50.

La visite journalière du médecin a lieu après l'heure fixée pour l'entrée des élèves dans les salles. Si l'indisposition déclarée par un élève est suffisante pour l'empêcher de suivre les **exercices de** l'École, le médecin le signale sur le bulletin de santé.

ART. 51.

En cas de maladie, le directeur ordonne le transport de **l'élève** à l'infirmerie et il en instruit sur le champ le Directeur de l'Administration des forêts et les parents de l'élève.

Punitions.

ART. 52.

Les punitions pour infractions aux règlements ou **pour toute** autre faute non prévue sont :

1° La censure ;
2° La consigne ;
3° Les arrêts simples, dont la durée ne peut excéder 15 jours ;
4° La mise à l'ordre de l'École ;
5° Les arrêts forcés dont la durée ne peut dépasser 1 mois ;
6° L'exclusion temporaire de l'École ;
7° Le renvoi définitif de l'École.

ART. 53.

La censure consiste dans la réprimande confidentielle.
La consigne impose aux élèves à qui elle est ordonnée l'obli-

gation de rester dans l'intérieur du pavillon et de la cour du casernement, et de n'en sortir que pour aller déjeuner ou dîner à leur
pension à l'heure ordinaire ; mais il ne leur est accordé qu'une
heure pour le déjeuner et deux heures pour le dîner. Le dimanche
comprend deux consignes : la première, depuis le matin jusqu'à
4 heures du soir, et la deuxième le reste de la journée.

L'élève mis aux arrêts doit prendre ses repas dans sa chambre
et il ne peut la quitter que pour se rendre aux cours et études. Il
ne peut se faire apporter pour sa subsistance que ce qui tient à son
ordinaire journalier ; l'autorisation de recevoir des visites peut lui
être accordée.

Les élèves consignés ou aux arrêts sont tenus de signer, autant
de fois qu'elle leur est présentée, une feuille de présence qui leur
est portée par l'adjudant de service à l'intérieur, sur l'ordre de
l'inspecteur des études. La violation de la consigne et des arrêts est
punie au moins du double pour la première fois, et, pour la seconde
fois, du triple de la même peine.

La mise à l'ordre de l'École consiste dans le blâme sévère de la
conduite d'un élève, portée à la connaissance de tous par la voie
de l'ordre.

Les arrêts forcés sont gardés dans un local particulier, sous la
responsabilité de l'adjudant de service ; ils entraînent la remise de
l'arme entre les mains du directeur. L'élève ne peut sortir que
pour se rendre aux cours et exercices pratiques ; il est interdit à
l'adjudant de service de le laisser communiquer avec qui que ce
soit, excepté avec le domestique chargé de le servir, sans une autorisation spéciale du directeur.

L'élève contre lequel l'exclusion temporaire a été prononcée est
renvoyé dans sa famille jusqu'à la fin de l'année scolaire. A son
retour à l'école, il doit recommencer le cours de sa division, et ne
peut être admis à bénéficier des dispositions du dernier paragraphe
de l'article 31.

ART. 54.

Les adjudants constatent toutes les infractions aux règlements ;

ils en rendent compte à l'inspecteur des études et notifient aux élèves les punitions prononcées contre eux.

Les membres du personnel enseignant requièrent la punition des élèves dont ils ont à se plaindre et s'adressent à cet effet au directeur, au sous-directeur ou à l'inspecteur des études.

Le sous-directeur et l'inspecteur des études prononcent la censure, la consigne et les arrêts simples ; ils en informent le directeur.

Le directeur de l'École inflige la mise à l'ordre du jour de l'École et les arrêts forcés.

La durée des arrêts forcés peut être prolongée par le Directeur de l'Administration des forêts, qui prononce également l'exclusion temporaire.

Le Ministre de l'Agriculture prononce le renvoi de l'École.

Prix de la pension et frais accessoires.

ART. 55.

Les élèves ou leurs parents versent à la caisse de l'agent comptable de l'École :

1° Au moment de la première entrée à l'École, une somme de douze cents francs destinée à pourvoir à l'achat des effets d'uniforme, d'équipement et de literie, ainsi qu'à l'acquisition des instruments de topographie, livres et autres objets nécessaires à leur instruction et à leur entretien ;

2° Une somme annuelle de six cents francs, payable le 15 mars de chaque année et destinée :

A. — Pour les élèves de deuxième année au payement des leçons d'équitation et aux frais de tournées.

B. — Pour les élèves de première année à ces mêmes dépenses et à l'achat des chaussures et gants.

De plus, les parents peuvent déposer entre les mains de l'agent comptable une somme à consacrer aux menues dépenses et à l'argent de poche des élèves. Cette somme ne peut être inférieure à trois cents francs ni supérieure à six cents francs par an. Elle est versée en deux termes égaux, au 15 octobre et au 15 mars de chaque année.

Il est payé, en outre, par les parents ou les élèves, à l'agent comptable, pour frais de gestion, 1 p. o/o des sommes énoncées ci-dessus.

Obligations militaires.

ART. 56.

Pendant leur séjour à l'École, les élèves sont soumis aux obligations militaires résultant de la loi du 15 juillet 1889.

ART. 57.

Les réglements ministériels des 12 mars 1887, 19 janvier 1889, 12 octobre 1889 et 10 octobre 1893 sont rapportés.

Fait à Paris, le 16 mars 1897.

J. MÉLINE.

ÉCOLE NATIONALE FORESTIÈRE.

ARRÊTÉ

DU CONSEILLER D'ÉTAT, DIRECTEUR DES FORÊTS

POUR L'EXÉCUTION DE L'ARRÊTÉ

DE M. LE PRÉSIDENT DU CONSEIL,

MINISTRE DE L'AGRICULTURE,

DU 16 MARS 1897.

Le Conseiller d'État, Directeur des Forêts,

Vu l'arrêté ministériel du 16 mars 1897 concernant l'organisation de l'École nationale forestière,

ARRÊTE :

I.

Organisation de l'enseignement.

ARTICLE PREMIER.

Les heures consacrées aux cours, aux études, aux travaux graphiques et pratiques sont portées à la connaissance des élèves par les tableaux dits « Emploi du temps ». Ceux-ci sont arrêtés pour chaque mois par le directeur en Conseil d'instruction, en se conformant aux programmes d'enseignement du 12 mars 1887.

En dehors des cas de maladie dûment constatés et de permissions accordées par le directeur, tous les élèves sont tenus de suivre les indications données dans ce tableau.

ART. 2.

Les élèves prennent des notes aux leçons et doivent reproduire en regard de ces notes les croquis tracés par le professeur au tableau.

ART. 3.

Les élèves emploient le temps consacré aux études à prendre connaissance de leurs cours ou à traiter par écrit les sujets qui leur ont été assignés.

ART. 4.

Pendant le semestre d'hiver, un jour par semaine est réservé pour l'instruction pratique des élèves. Il est affecté aux excursions de toute nature, aux manipulations, à des leçons et à différents exercices de toutes matières de l'enseignement.

ART. 5.

Tout travail d'un élève, dessin ou rédaction, doit être fait entièrement de sa main et signé par lui. Aucun travail graphique ne doit être fait hors des salles d'étude. Chaque feuille destinée à un travail graphique doit être contresignée par le professeur et recevoir dans sa partie supérieure l'empreinte d'un timbre dans l'intérieur duquel sera inscrit le nom de l'élève qui devra faire ce travail.

ART. 6.

Les travaux pratiques sont remis aux époques fixées, à quelque degré d'avancement qu'ils se trouvent. Ils reçoivent en cet état leur cote d'appréciation.

Ceux de ces travaux qui ne sont pas terminés sont rendus aux élèves pour être, s'il y a lieu, achevés ou corrigés, conformément aux indications du professeur dans des séances dites « Consignes de travail ».

ART. 7.

Sur la demande des professeurs de sciences naturelles, les salles de collections pourront être ouvertes aux élèves à des heures déterminées à l'avance, sous la surveillance d'un professeur ou d'un adjudant.

II.

Interrogations, examens et classement des élèves.

ART. 8.

Pendant les études, les élèves peuvent être appelés à des conférences ou interrogations particulières. Les interrogations portent sur une section déterminée du cours indiqué à l'avance.

ART. 9.

Les élèves à interroger sont désignés par le directeur de l'École, qui adresse au professeur chargé de l'interrogation un bulletin portant le nom des élèves. Sur ce bulletin le professeur inscrit en chiffres la note méritée et consigne les observations qu'il juge utiles sur l'application et les progrès des élèves. Le bulletin, ainsi rempli, est retourné au directeur.

ART. 10.

L'élève doit toujours apporter aux interrogations et remettre au professeur les notes et croquis mentionnés à l'article 2. Il en est tenu compte dans la cote de mérite qui lui est attribuée.

L'élève qui, appelé à une interrogation de cabinet, ne se présente pas ou ne se trouve pas suffisamment préparé, encourt une punition.

ART. 11.

Le Directeur fait afficher dans les salles, chaque semaine, les cotes de mérite assignées pour tous les examens de cabinet et les travaux jugés dans l'intervalle.

ART. 12.

La répartition des coefficients, prévue par l'article 28 du Règlement ministériel du 16 mars 1897, est établie comme il suit :

	EXAMENS.	TRAVAUX.	TOTAL.
Sciences forestières	12	4	16
Sciences naturelles appliquées aux forêts.	10	2	12
Législation forestière.	10	2	12
Mathématiques appliquées.	10	4	14
Art militaire.	5	5	10
Langue allemande	5	5	10

III.

Police, tenue, discipline.

ART. 13.

Professeurs. — Les professeurs sont chargés de la police de l'amphithéâtre pendant la durée des cours. Ils rendent compte au directeur des infractions à la discipline commises par les élèves.

ART. 14.

Service militaire. — Conformément au deuxième alinéa de l'article 28 de la loi du 15 juillet 1889, les élèves sont soumis au régime militaire, pour les cours et les exercices militaires, l'escrime et l'équitation, pour l'uniforme, pour la tenue et la discipline.

ART. 15.

Les cours et exercices militaires, l'escrime et le manège sont obligatoires et dirigés par le commandant militaire, aussi bien en ce qui concerne les leçons données dans le manège civil désigné par le directeur que pour celles données dans le manège militaire avec l'autorisation du Ministre de la guerre.

ART. 16.

La tenue comprend : la tenue du matin, la tenue du jour et la grande tenue, comme pour l'armée. Les élèves doivent se conformer strictement aux ordres affichés par les soins du commandant militaire et contresignés par le directeur. Le portier-consigne est chargé d'y veiller tant à la sortie qu'à l'entrée.

ART. 17.

Le commandant militaire s'assure, pour en rendre compte au directeur, que, dans toutes circonstances, les élèves maintiennent la bonne réputation de l'École et se préparent à accomplir dignement leur stage militaire.

ART. 18.

Service de santé. — Toutes les absences aux cours, aux études ou à un exercice quelconque, sous prétexte de maladie, doivent être justifiées par un certificat du médecin de l'École. L'élève qui se fait porter malade doit rester dans sa chambre jusqu'à la venue du médecin.

Les élèves peuvent, avec l'autorisation du directeur, se faire visiter par un médecin autre que celui qui est accrédité auprès de l'École. Dans ce cas, le médecin de l'École doit toujours prendre part à la consultation, et les prescriptions concernant la discipline, qui peuvent en résulter, ne peuvent être proposées que par lui.

ART. 19.

Adjudants de surveillance. — Les adjudants sont spécialement attachés à la surveillance des élèves, tant à l'intérieur qu'à l'extérieur de l'École. Ils peuvent être appelés à faire toutes les écritures que nécessite l'administration de l'École.

ART. 20.

Les adjudants de surveillance sont alternativement de semaine : l'un pour le service intérieur, l'autre pour le service extérieur.

L'adjudant de service à l'intérieur est tenu de passer les nuits à l'École.

Les adjudants font tous les appels et les contre-appels ; en dehors du service auquel ils sont spécialement affectés, ils peuvent être commandés pour tout autre service où leur intervention serait jugée utile.

Indépendamment du rapport journalier qu'ils font à l'inspecteur des études, les adjudants lui rendent compte immédiat de tout ce qui peut survenir d'important, en ce qui concerne le bon ordre et la conduite des élèves dans l'intérieur de l'École et au dehors.

Les adjudants ne peuvent s'absenter de l'École sans permission qu'à des heures déterminées.

ART. 21.

Élèves. — Les élèves sont tenus, en tout temps et en toutes circonstances, à la déférence et aux marques extérieures de respect envers leurs supérieurs et envers les officiers de l'armée et les assimilés.

ART. 22.

Aucune discussion ne doit s'établir entre l'adjudant et les élèves. Les ordres transmis par l'adjudant sont immédiatement exécutés.

ART. 23.

La présence des élèves est constatée par des appels. Outre les appels journaliers qui se font aux heures fixées par l'ordre de l'École, des contre-appels peuvent être ordonnés, le jour ou la nuit, par le directeur ou l'inspecteur des études.

ART. 24.

La présence des élèves portés malades est constatée par l'adjudant de service à l'intérieur.

ART. 25.

A partir du réveil, qui est sonné à 6 heures du matin, tous les mouvements sont annoncés par des sonneries aux heures fixées par l'emploi du temps.

ART. 26.

A moins d'une autorisation spéciale du directeur ou, en son absence, du sous-directeur ou de l'inspecteur des études, aucun élève ne peut sortir de l'École, en semaine, qu'aux heures réglementaires.

ART. 27.

Pendant toute l'année, la rentrée du soir a lieu à 10 heures. Les élèves ne peuvent dépasser l'heure fixée pour la rentrée, ni découcher, sans une permission du directeur de l'École.

ART. 28.

Pendant les heures de travail, les personnes étrangères ne peuvent communiquer avec les élèves, sans une permission du directeur, du sous-directeur ou de l'inspecteur des études.

ART. 29.

Tout jeu de hasard est formellement interdit aux élèves, soit à l'intérieur, soit à l'extérieur de l'École.

ART. 30.

Le directeur de l'École prendra les dispositions relatives à la fréquentation des salles de réunion.

ART. 31.

Les ouvrages ou échantillons déposés à la bibliothèque des élèves ou dans les salles d'étude, lorsqu'ils auront été détériorés par les élèves, seront remplacés à leurs frais.

Il en est de même du mobilier de toutes les salles fréquentées par les élèves, lorsque les dégradations proviennent de leur fait ou sont occasionnées par leur faute.

ART. 32.

Les élèves ne peuvent fréquenter le jardin de l'École qu'aux jours et heures fixés par l'ordre ; il leur est expressément défendu d'y cueillir quoi que ce soit.

IV.

Fournitures.

ART. 33.

L'administration de l'École se charge de fournir les élèves des menues fournitures de bureau qui leur sont nécessaires.

Ces délivrances sont faites par l'agent comptable, à mesure et en proportion des besoins résultant des travaux de l'École.

Les élèves sont également tenus d'avoir une boussole à nivellement, une mire graduée, une chaîne métrique et des fiches, les livres et objets nécessaires à leurs travaux et à leur instruction. Ils se conforment, à cet égard, aux indications du directeur de l'École.

ART. 34.

Les sommes nécessaires au payement de ces objets sont prélevées sur le premier versement de 1,200 francs fait par les élèves ou leurs parents conformément à l'article 55 de l'arrêté ministériel du 16 mars 1897.

ART. 35.

Les fournitures faites aux élèves sont reçues en leur présence par le commandant militaire, en ce qui concerne les effets d'uniforme, et par les professeurs compétents en ce qui concerne les autres fournitures ci-dessus désignées.

V.

Police des externes.

ART. 36.

Les élèves externes doivent se conformer à l'arrêté ministériel du 30 octobre 1893 et aux ordres du Directeur des forêts et du directeur de l'École qui les concernent.

ART. 37.

Les arrêtés du Directeur des forêts en dates des 12 octobre 1889 et 23 mai 1894 sont abrogés

Fait à Paris, le 20 mars 1897.

L. DAUBRÉE.

ORDRE GÉNÉRAL
DU DIRECTEUR DE L'ÉCOLE.

I.

Organisation de l'enseignement.

ARTICLE PREMIER.

Toute contravention à l'article 5 de l'arrêté du Directeur des forêts relatif au mode d'exécution des travaux entraine l'annulation de ces travaux qui sont cotés o. De même, tout travail qui doit être fait individuellement sera coté o s'il a été copié, et l'élève en faute sera puni d'un jour d'arrêts. Tout élève qui aurait laissé copier son travail serait puni de la même façon.

Tout élève qui fait faire ses travaux soit à l'intérieur, soit à l'extérieur de l'école, est puni de quatre jours d'arrêts.

ART. 2.

Des dispenses de travaux ou, dans des cas exceptionnels, des sursis pour leur remise, peuvent être accordés par le directeur de l'école, pour cause de maladie ou d'absence par congé.

ART. 3.

La « consigne de travail », prévue par l'article 6 de l'arrêté du Directeur des forêts, consiste à terminer les exercices en retard, en semaine, hors des heures ordinaires de cours ou d'études, et les dimanches et fêtes, aux heures indiquées à cet effet.

II.

Interrogations et examens.

ART. 4.

L'élève qui, appelé à une interrogation de cabinet, ne se présente pas ou refuse de répondre, encourt, indépendamment de la cote o, une punition de cinq jours d'arrêts, à moins de motifs reconnus valables.

ART. 5.

Tout élève qui, soit pour interrogations, soit pour compositions ou travaux quelconques, n'a pas obtenu la cote moyenne exigée sera privé de permissions, à partir du jour où la note aura été donnée et cumulativement, savoir :

Pendant une semaine si la note est comprise entre 7 et 10;

Pendant deux semaines si elle est inférieure à 7.

III.

Police, tenue, discipline.

§ 1er. Discipline des salles d'étude de l'amphithéâtre et autres locaux destinés à l'instruction.

ART. 6.

Le refus d'obtempérer immédiatement aux ordres ou observations d'un professeur entraine quatre jours d'arrêts, si les ordres sont transmis ou si, les observations sont faites par un adjudant, la punition sera de deux jours d'arrêts.

ART. 7.

Tout élève est tenu de travailler à la table qui lui a été assignée.

ART. 8.

Il est expressément défendu, en tout temps, d'apporter dans les salles d'étude des journaux ou des ouvrages autres que ceux qui traitent des matières enseignées à l'école. Pendant les séances consacrées aux travaux graphiques, il est interdit de s'occuper de tout autre travail.

Toute correspondance particulière, toute lecture ou occupation étrangère aux travaux ordonnés y sont formellement interdites.

ART. 9.

Il est défendu d'avoir dans les salles aucune conversation ou discussion à voix haute, même pendant les travaux pratiques, et en général d'y rien faire qui puisse troubler la tranquillité.

ART. 10.

Pendant la durée des leçons et des études, il est défendu de circuler ou stationner dans les cours, escaliers, vestibules et de former aucun groupe autour des tables ou dans tout autre endroit des salles. Les groupes devront se disperser à l'avertissement de l'adjudant.

ART. 11.

Il est défendu aux élèves d'aller d'une salle dans une autre ou dans leur chambre, pendant la durée des cours et des études, san une permission.

ART. 12.

Si un élève est obligé de se retirer pour cause d'indisposition, il en prévient l'adjudant, et il est soumis, pendant la durée de son indisposition, aux obligations des élèves malades.

3.

ART. 13.

L'absence prolongée des salles d'étude et de tout autre lieu de réunion obligée entraine une punition proportionnée à la durée de l'absence, à moins de circonstances qui la rendent excusable.

ART. 14.

Dans les salles d'étude, aucun élève ne doit serrer son travail ou quitter sa place avant la sonnerie qui indique la fin de la séance.

Au cours, les élèves doivent attendre le signal du professeur.

ART. 15.

Chaque jour, avant la fin de la dernière étude, les élèves doivent renfermer, dans les tiroirs de leurs tables de travail, les papiers et instruments dont ils se sont servis pendant la journée. Il ne doit y avoir, sur la table même, que les livres nécessaires au travail du lendemain, placés avec ordre et de manière à permettre au domestique d'épousseter partout. Aucun objet ne doit rester épars sur les chaises, sur les tablettes des fenêtres ou sur le plancher.

ART. 16.

Les contraventions aux dispositions des articles 7 à 15 inclus sont punies de 1 à 3 jours de consigne.

ART. 17.

A moins d'autorisation spéciale, le jardin n'est ouvert aux élèves que pendant les récréations.

L'infraction à la défense d'y cueillir quoi que ce soit ou de déplacer les étiquettes est passible de 2 jours de consigne.

ART. 18.

La salle de lecture de la bibliothèque particulière des élèves et la salle de billard sont ouvertes pendant les récréations, et de 6 heures à 10 heures du soir. Le séjour dans ces salles, après 10 heures du soir, est puni de 1 jour de consigne.

§ 2. *Police intérieure.*

ART. 19.

L'uniforme et la tenue étant réglés par les articles 39 et 40 du règlement ministériel, il est interdit aux élèves, sous peine de trois consignes, de porter, à l'intérieur de l'école, des effets d'uniforme d'une coupe ou de dimensions différentes de celles qui sont réglementaires.

ART. 20.

Tout jeu de hasard est interdit par l'article 29 de l'arrêté du Directeur des forêts. Toute contravention sera punie de 5 jours d'arrêts et d'une peine double pour les élèves habitant les chambres où on a joué.

ART. 21.

Il est défendu, sous peine de 8 jours d'arrêts, d'introduire dans le casernement d'autres provisions de bouche, solides ou liquides, que celles qui constituent l'ordinaire des élèves forcés de prendre leurs repas à l'école, pour cause de maladie ou de punition. Les domestiques qui seraient employés par les élèves à une telle introduction seraient privés de leur emploi; le portier-consigne est tenu d'y veiller.

Les adjudants sont spécialement chargés d'assurer l'exécution de ces dispositions et de celles qui sont visées dans l'article précédent. A cet effet, ils peuvent faire, s'il y a lieu, des contre-appels ayant pour objet de constater la présence des élèves dans leurs chambres respectives.

Lorsqu'ils en sont requis, les élèves doivent ouvrir leurs armoires et autres meubles devant l'adjudant de ronde, afin de faire constater qu'ils n'ont chez eux ni liquides, ni autres provisions.

Les élèves qui prêtent leur chambre à une réunion défendue sont punis de 5 jours d'arrêts.

ART. 22.

Il est interdit aux élèves de planter des clous ou crochets dans les murs de leur chambre, sans une autorisation expresse de l'adjudant de service à l'intérieur.

Il est expressément recommandé aux élèves de ne laisser à découvert aucun objet précieux, montre, bijoux, argent, etc. Lorsqu'ils quittent leurs chambres les armoires doivent être fermées et la clef retirée.

Toute infraction à ces ordres est punie d'une à trois consignes.

ART. 23.

Il est défendu aux élèves de tirer des armes à feu dans l'intérieur de l'école et par les fenêtres de leurs chambres, de placer des pots ou caisses sur l'appui des croisées et d'avoir des chiens ou autres animaux dans l'intérieur de l'école.

Il leur est interdit de troubler l'ordre d'une manière quelconque, de sonner de la trompe ou de jouer d'autres instruments de musique, sans une autorisation du directeur, de se livrer à aucun jeu ou exercice qui puissent incommoder leurs collègues ou les autres personnes de l'école.

Il est défendu de fumer dans les couloirs, salles d'étude et amphithéâtres du rez-de-chaussée et du premier étage du pavillon de l'horloge, à l'exception des salles de lecture et de billard. Il est interdit de jeter dans les endroits indiqués ci-dessus des bouts de cigare ou de cigarette. Toute contravention à cet article est punie, selon sa gravité, de 1 à 8 jours d'arrêts.

ART. 24.

L'appel est fait dans les salles par les adjudants, le matin et à midi.

Tout élève en retard aux appels ou à la rentrée aux cours

ou aux études est puni d'une consigne, si le retard est de moins de 5 minutes. Au delà de ce délai, la punition pourra être de 1 jour d'arrêt par 5 minutes de retard.

Sous peine d'un jour de consigne, les élèves doivent se présenter aux appels dans la tenue réglementaire et se tenir debout, au moment de l'appel, soit à l'amphithéâtre, soit aux salles d'étude, à la place qui leur a été assignée au commencement de l'année.

ART. 25.

Tous les élèves, en rentrant le soir à l'École, signent une feuille spéciale déposée chez le portier-consigne, qui inscrit en regard de la signature des élèves l'heure de leur rentrée.

Au dernier délai fixé pour la rentrée, le portier-consigne arrête cette feuille en indiquant nominativement les élèves en retard, qu'il signale en outre dans son rapport du lendemain.

Tout élève en retard qui refuserait de donner sa signature sera passible de 4 jours d'arrêts indépendamment de la punition progressive prononcée ci-dessous.

La feuille de rentrée est visée par l'adjudant de service à l'intérieur, à l'heure où elle est arrêtée.

Les retards à la rentrée du soir entraînent les arrêts à raison de 1 jour jusqu'à cinq minutes de retard, et de 1 jour en plus par cinq minutes ou fraction de cinq minutes.

A l'heure fixée pour la rentrée à l'École, les élèves doivent regagner leurs chambres, sous peine de deux consignes.

ART. 26.

Les dimanches et jours fériés, les élèves ne peuvent sortir de l'École sans permission avant 7 heures du matin. Ceux qui auraient obtenu l'autorisation de sortir avant l'heure fixée devront, sous peine de 1 jour de consigne, signer une feuille d'émargement déposée à cet effet chez le portier-consigne, qui mentionne l'heure de la sortie.

ART. 27.

Les élèves qui ont donné leur signature sur la feuille de rentrée ne peuvent plus sortir de l'École. Après 9 heures, aucun élève ne peut sortir sans une permission spéciale du directeur.

ART. 28.

Les contraventions à l'article 37 du règlement ministériel sont punies de 5 jours d'arrêts.

ART. 29.

Tout élève porté malâde doit attendre dans sa chambre la visite du médecin.

Une sonnerie avertit les élèves de la présence du médecin à l'École.

Tout élève reconnu malade, et spécialement autorisé par le médecin à garder la chambre, ne peut sortir de l'École sans une autorisation du docteur constatant qu'il ne peut en résulter aucun inconvénient pour sa santé.

L'élève qui, s'étant fait porter malade, est reconnu douteux par le médecin, est tenu de rentrer à l'École avant 8 heures du soir.

§ 3. — *Police extérieure.*

ART. 30.

L'élève qui veut se faire exempter du manège doit en faire la demande motivée sur la feuille de permission du jour.

Toute demande d'exemption appuyée par le médecin, pour rhume ou indisposition légère, entraîne pour l'élève l'obligation de rentrer à l'École avant 8 heures du soir le jour de son exemption.

Tout manquement non autorisé au manège est puni de 1 jour d'arrêts.

ART. 31.

Tout élève qui a des leçons de manège en retard est tenu de monter à cheval, hors tour, les jours qui lui sont désignés par le commandant militaire.

ART. 32.

Le refus d'obtempérer aux injonctions de l'écuyer chargé du manège entraîne, selon la gravité des cas, une punition de 1 à 3 jours de consigne.

ART. 33.

La permission de minuit du samedi est générale sous réserve de l'appréciation du directeur et sauf l'exception prévue par l'article 5. Ordinairement il n'est pas accordé de permission un autre jour de la semaine. Toutefois les élèves qui, dans leurs examens de travaux, ont mérité une moyenne générale égale ou supérieure à la note 14 pourront obtenir du directeur une permission supplémentaire sur demande motivée. La feuille des demandes de permissions devra être remise à l'inspecteur des études, pour visa et observations, à 2 heures au plus tard. Il ne devra y avoir qu'une feuille par division ; le chef de promotion est chargé de la rédiger et de la remettre à l'inspecteur ; en cas d'empêchement, il est remplacé par l'élève qui lui succède dans l'ordre d'admission ou de classement.

Les demandes de permissions, pour les dimanches et jours fériés, doivent être remises la veille à 2 heures.

Si, pour un motif reconnu valable, un élève n'a pu se faire porter sur la feuille avant l'heure de la remise à l'inspecteur des études, il doit s'adresser à ce dernier ou au directeur pour s'y faire inscrire.

Toute demande de permission faite dans d'autres conditions que celles énoncées ci-dessus est réputée non avenue.

ART. 34.

Tout élève qui a profité d'une permission pour se rendre dans un lieu autre que celui qu'il avait désigné sera privé de toute permission pendant un mois.

ART. 35.

Tout jeu de hasard et d'argent est interdit à l'extérieur de l'École, dans les cercles, cafés ou soirées, sous peine de 8 à 15 jours d'arrêts.

ART. 36.

Les élèves doivent se rendre à leur pension aux heures indiquées pour les repas ; en dehors de ces heures, ils n'ont droit d'exiger des traiteurs aucun service individuel.

Les élèves qui prendront habituellement repas ailleurs qu'à leurs pensions seront punis de 8 jours de consigne.

ART. 37.

Il est défendu aux élèves qui auraient obtenu une permission de spectacle d'y troubler l'ordre de quelque manière que ce soit. Il leur est notamment interdit de jeter aucun billet sur la scène ou de prendre part aux cabales qui peuvent se former pour ou contre les pièces ou les acteurs.

Ceux qui contreviennent à ces dispositions ou qui se font remarquer par leur conduite ou leur mauvaise tenue sont punis de 4 à 8 jours d'arrêts.

ART. 38.

L'élève qui est rencontré en ville, en tenue de fantaisie ou bourgeoise, encourt une punition de 4 jours d'arrêts.

ART. 39.

Tout élève qui rentre à l'École en état d'ivresse est puni de 5 jours d'arrêts. La peine est doublée s'il est constaté que l'élève a fait du bruit ou causé du scandale dans la ville.

Est également puni de 5 à 10 jours d'arrêts tout élève qui s'est compromis en public par sa conduite ou sa mauvaise tenue ou qui a une chambre en ville.

§ 4. — *Dispositions générales.*

ART. 40.

Toute contravention à l'article 21 de l'arrêté du Directeur des forêts est punie de 1 à 4 jours d'arrêts.

ART. 41.

Toutes les punitions édictées par le présent ordre peuvent être doublées en cas de récidive dans la même quinzaine, ou en cas d'autres circonstances aggravantes.

La non-exécution d'une punition, consigne ou arrêts, entraîne le doublement immédiat de la même peine et, s'il y a lieu, une aggravation de punition.

§ 5. — *Élèves externes.*

ART. 42.

Les élèves externes devront, pendant leur présence à l'École, se conformer aux prescriptions du présent ordre de service. En cas de contravention, le directeur de l'École en rendra compte au Directeur des forêts, qui pourra prononcer l'exclusion temporaire ou définitive de celui qui s'en serait rendu coupable.

Nancy, le 25 mars 1897.

Le Directeur de l'École,

L. BOPPE.

[illegible] [illegible]

[illegible]

F. BOREL

Le Directeur l'École,

Paris, [illegible] 1894.

[illegible]

[illegible]

[illegible]

RÈGLEMENT

CONCERNANT LA COMPTABILITÉ
DE L'ÉCOLE NATIONALE FORESTIÈRE.

LE PRÉSIDENT DU CONSEIL,
MINISTRE DE L'AGRICULTURE,
Sur la proposition du Conseiller d'État, Directeur des Forêts,

ARRÊTE :

CHAPITRE PREMIER.

Dispositions générales.

ARTICLE PREMIER.

Il est pourvu avec les fonds de l'État, en vertu des crédits ouverts au budget de l'Administration des forêts, à l'acquittement :

I. Des traitements, gratifications, indemnités et secours alloués aux fonctionnaires et aux élèves de l'École forestière, ainsi qu'aux employés de diverses catégories attachés à l'établissement ;

II. Aux dépenses de matériel :

1° Pour le casernement des élèves et achat de literie à leur usage ;

2° Pour le chauffage et l'éclairage des salles de cours et d'étude, des cabinets du directeur, des professeurs et de l'agent comptable, des logements des adjudants et du portier-consigne, ainsi que de la loge du garçon de salle chargé du bâtiment des études, des bibliothèques et salles de réunion des élèves, du laboratoire, des salles de collection et du bureau de la station de recherches annexé à l'École et des appartements particuliers du directeur ;

3° Pour l'éclairage des corridors des bâtiments ainsi que des cours d'entrée et de récréation ;

4° Pour l'habillement des gagistes ;

5° Pour les bibliothèques de l'École et des élèves, les cabinet d'histoire naturelle et de collections, le laboratoire de chimie, les instruments, l'armement et tous autres objets mobiliers affectés à l'enseignement ;

6° Pous les impressions et frais de bureau concernant l'administration et la comptabilité de l'École ;

7° Pour l'entretien des bâtiments et des logements affectés aux personnes désignées par l'article 8 de l'arrêté ministériel du 16 mars 1897 ;

8° Pour le jardin, les pépinières et les travaux nécessités par les exercices pratiques ;

9° Pour les prix du concours et le prix de tir institués par l'arrêté ministériel du 16 mars 1897, art. 34 ;

10° Pour les menues dépenses d'entretien journalier de l'intérieur de l'École.

ART. 2.

Les dépenses afférentes à l'habillement, à l'équipement des élèves, à leur trousseau de literie et toilette, à leur nourriture, aux menus frais de leur casernement, au salaire des domestiques employés pour leur service personnel, à l'acquisition des livres et instruments dont il leur est prescrit de se pourvoir, à celle des fournitures de bureau qui leur sont nécessaires, aux leçons d'équitation, aux frais de leurs tournées d'exercices pratiques, ainsi que les mêmes dépenses d'entretien, sont payées au moyen de fonds versés par les familles ou par les élèves.

ART. 3.

Toutes les dépenses mentionnées dans l'article précédent sont ordonnancées par le Directeur de l'École.

ART. 4.

Les dépenses désignées par l'article 1er sont acquittées directement par le trésorier-payeur général, à l'exception de celles qui concernent les menues dépenses d'entretien journalier de l'École, l'emploi accidentel d'ouvriers travaillant à la journée pour le jardin et les pépinières et les travaux nécessités pour les exercices pratiques, lesquelles sont l'objet d'avances fournies par le trésorier-payeur général à l'Administration de l'École, sauf à celle-ci à lui remettre, dans le délai d'un mois, les justifications d'emploi desdites avances.

ART. 5.

L'encaissement des sommes que les parents ou élèves ont à verser pour subvenir aux dépenses énumérées dans l'article 2 et l'acquittement de ces dépenses sont effectués par un agent comptable attaché à l'École.

CHAPITRE II.

Agent comptable.

ART. 6.

L'agent comptable est nommé par le Ministre de l'Agriculture sur la proposition du Directeur des forêts.

Il est placé sous les ordres et sous la surveillance du Directeur de l'École.

Il fournit avant son installation un cautionnement de 10,000 fr. en numéraire.

ART. 7.

Outre les opérations mentionnées à l'article 5, l'agent comptable est chargé d'effectuer, sur mandats délivrés à son nom par le Directeur, l'encaissement du traitement des élèves et des avances pour travaux de régie, qu'il y a lieu de toucher à la caisse du trésorier-payeur général suivant l'article 4, d'employer ces avances en vertu des ordres du Directeur et de produire au trésorier-payeur général les justifications règlementaires dans le délai d'un mois; de recevoir les approvisionnements de matériel, soit à la charge de l'État, soit à celle des fonds versés par les parents et les élèves; de veiller à la conservation de ces objets et de suivre les détails de leur emploi; de conserver le matériel de la bibliothèque, du cabinet d'histoire naturelle, des collections de modèles et d'instruments, et d'en suivre les mouvements ainsi que ceux du mobilier appartenant à l'État.

ART. 8.

L'agent comptable est responsable de toutes les sommes encaisseés par lui, de la validité des payement qu'il effectue, de la quantité et de la qualité des objets de matériel à la manutention desquels il est préposé.

Il est justiciable de la Cour des comptes à laquelle il fournit, pour chaque année, un compte de ses opérations en deniers et un compte de ses opérations en matières avec les pièces nécessaires à leur justification.

CHAPITRE III.

Versements à effectuer par les parents et les élèves.

ART. 9.

Il n'est pas perçu de frais scolaires, mais il est pourvu aux dépenses personnelles des élèves à l'aide de versements successifs opérés dans les conditions ci-après.

Les parents ou les élèves ont à verser entre les mains de l'agent comptable :

1° A l'entrée à l'École une somme de 1,200 francs destinée à pourvoir à l'achat de leur uniforme, de leur équipement et des chaussures réglementaires, ainsi qu'à l'acquisition des instruments de géodésie, des livres strictement nécessaires à leur instruction et des fournitures de bureau;

2° Au 15 mars de chaque année une somme de 600 francs destinée aux leçons d'équitation, à l'acquisition de la tenue de manège, aux frais de tournée d'exercices pratiques et à des renouvellements successifs de fournitures de bureau;

3° Mensuellement, le douzième du traitement annuel, déduction faite des retenues réglementaires pour la pension de retraite destiné à pourvoir à la nourriture des élèves, aux frais de blanchissage, ainsi qu'aux salaires des domestiques employés pour leur usage personnel, aux dépenses accidentelles et aux frais de tournées d'exercice pratiques dans le cas spécifié à l'article 31;

4° De plus, les parents ou les élèves peuvent verser en 1re et en 2e années, entre les mains de l'agent comptable, une somme destinée aux menues dépenses et argent de poche; cette somme ne pourra être inférieure à 300 francs ni supérieure à 600 francs par an; elle sera déposée par moitié au 15 octobre et au 15 mars.

ART. 10.

Nul n'est admis à concourir pour l'entrée à l'École nationale forestière si ses parents n'ont pas fait parvenir à l'Administration des forêts une obligation signée d'eux et dûment légalisée, les engageant au payement de la première mise de 1,200 francs et des sommes annuelles de 600 francs énoncées à l'article précédent.

A défaut de parents cette promesse est signée par le tuteur ou par l'élève lui-même s'il est majeur. Si la solvabilité de l'élève ou des parents ne paraît pas suffisante, le Directeur des forêts peut réclamer le cautionnement de toute personne solvable aux mêmes fins que ci-dessus.

Ces pièces sont transmises à l'Agent comptable, par l'intermédiaire du Directeur de l'École.

ART. 11.

Immédiatement après la signature de l'engagement volontaire

souscrit par application de l'article 16 du décret du 18 novembre 1890, tout élève admis à l'École forestière doit verser entre les mains de l'agent comptable la somme de 1,200 francs de première mise mentionnéeà l'article 9. Si ce versement n'était pas effectué à l'époque ainsi fixée, l'élève ne serait point autorisé à loger dans les bâtiments de l'école ni à suivre les cours.

ART. 12.

Dans le cas où un élève serait admis à redoubler une année d'études (art. 31 et 33 de l'arrêté ministériel du 16 mars 1897), comme son traitement mensuel ne lui est plus servi pendant l'année de redoublement (art. 35), il doit fournir, pour cette année, dans les termes et sous la même sanction que ci-dessus, une promesse spéciale ayant pour but de garantir le payement des 600 francs et celui de 950 francs représentant 10 mensualités de traitement.

ART. 13.

Lorsque les versements autres que celui énoncé en l'article 11 n'ont pas été effectués dans le mois qui suit les termes indiqués par l'article 9, l'agent comptable, par l'intermédiaire du Directeur, prévient les élèves ou leur famille que la prolongation de cet arriéré au delà de l'expiration du second mois entraînera l'exclusion de l'école et la poursuite, par l'agent judiciaire du Trésor, du recouvrement des sommes dont le compte de l'élève se trouvera débiteur au moment de sa sortie.

ART. 14.

Si le second mois s'écoule sans accomplissement du versement en retard, l'agent comptable en donne avis au Directeur, qui adresse à l'Administration des forêts un rapport motivé tendant à soumettre au Ministre de l'Agriculture soit l'exclusion immédiate de l'élève, soit la concession d'un dernier délai.

ART. 15.

Lorsqu'un élève est rayé des cadres pour une cause quelconque, l'agent comptable remet au Directeur au moment de la sortie de l'élève l'obligation souscrite par ses parents et le décompte des sommes dont son compte se trouve débiteur.

Ces pièces sont transmises, avec les explications et justifications nécessaires, à l'agent judiciaire du Trésor, qui reste ensuite chargé des diligences à faire pour le recouvrement, à titre de débet, de la somme demeurée due.

ART. 16.

L'agent comptable n'a plus à intervenir dans le recouvrement de cette somme sur les parties débitrices; il est couvert de son montant au moyen d'un mandat qui est délivré à son nom sur la caisse du trésorier-payeur général par le Directeur de l'École, en vertu d'un crédit spécial que l'Administration des forêts ouvre à celui-ci sur le chapitre de ses dépenses diverses, article des avances recouvrables.

ART. 17.

Les parents ou les élèves qui désirent verser entre les mains de l'agent comptable les allocations de fonds de poche énoncées au paragraphe 4 de l'article 9 doivent, au commencement de chaque année scolaire, en faire la déclaration écrite au Directeur.

ART. 18.

Les versements obligatoires ou facultatifs des parents ou des élèves ne peuvent être effectués qu'en numéraire ou en mandats des trésoriers-payeurs généraux sur le trésorier-payeur général de Meurthe-et-Moselle. La preuve de leur accomplissement ne peut résulter que d'une quittance à souche délivrée par l'agent comptable.

ART. 19.

Toutes les sommes reçues des parents ou des élèves qui n'ont pas à être employées le jour même ou le lendemain de leur encaissement sont versées, à titre de placement sans intérêts, au tréso-

4.

rier-payeur général des finances de Meurthe-et-Moselle, par l'agent comptable qui en retire récépissé.

Ces versements sont opérés en vertu d'ordres du directeur indiquant la somme qu'il doivent comprendre, et remis au trésorier-payeur général.

ART. 20.

Lorsqu'il devient nécessaire d'effectuer des retraits sur les sommes ainsi déposées, afin de pourvoir à des dépenses imputables sur les fonds versés par les parents ou les élèves, ces retraits ont lieu au moyen de mandats de remboursement, au nom de l'agent comptable.

ART. 21.

Le montant des placements et celui des retraits sont inscrits, en toutes lettres, à la date de chaque opération, par la trésorerie générale, sur un livret qui reste entre les mains de l'agent comptable.

CHAPITRE IV.

Ordonnancement et acquittement des dépenses.

ART. 22.

L'ordonnancement, l'acquittement et les justifications des dépenses à la charge de l'État sont soumis aux dispositions du règlement de comptabilité publique du Ministère des finances en date du 26 décembre 1866, soit qu'il s'agisse de dépenses à solder directement par le trésorier-payeur général, soit qu'il y ait à opérer par voie d'avances faites par celui-ci à l'agent comptable de l'École.

Ce qui concerne les dépenses imputables sur les fonds versés par les parents ou les élèves est réglé d'après les principes formant la base du même règlement.

ART. 23.

La mise à exécution de tout ce qui intéresse les dépenses de ma-

tériel à la charge de l'État sera préalablement soumise à l'approbation de l'Administration des forêts par le Directeur.

ART. 24.

La nourriture des élèves chez les traiteurs où ils doivent prendre
leurs repas par division, selon le règlement constitutif de l'École,
les leçons d'équitation, l'habillement, l'équipement, l'uniforme,
la tenue de manège, le trousseau de literie et de toilette, font
l'objet de déclarations de prix remises par les fournisseurs au Directeur.

ART. 25.

Avant le 1er novembre de chaque année le Directeur de l'École
établit et soumet à l'approbation du Directeur des forêts un budget
d'emploi des sommes à la charge des familles et des élèves, dans
lequel sont déterminées uniformément par chaque élève :

1° Les portions de ces sommes affectées comme suit :

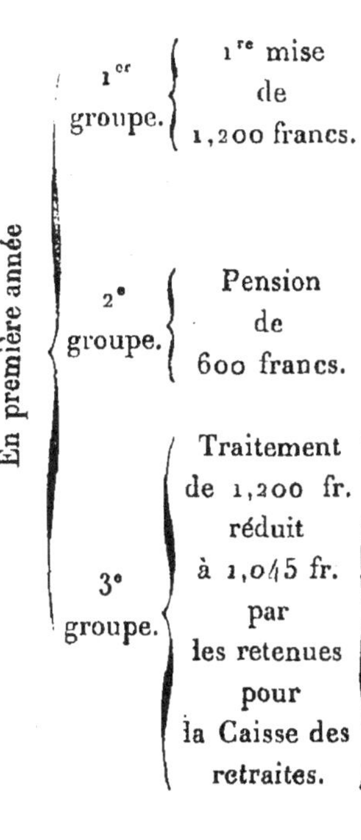

En première année :

1er groupe. — 1re mise de 1,200 francs. — A l'achat du trousseau de literie et toilette ainsi que des objets d'uniforme et d'équipement à faire confectionner lors de l'entrée à l'École ; A l'achat d'instruments de géodésie, de livres et fournitures de bureau de 1re mise.

2e groupe. — Pension de 600 francs. — Leçons d'équitation ; Fournitures de bureau en renouvellement (en cas d'insuffisance de l'allocation à cet usage provenant des fonds du 1er groupe). Frais de tournées d'exercices pratiques.

3e groupe. — Traitement de 1,200 fr. réduit à 1,045 fr. par les retenues pour la Caisse des retraites. — Frais de tournées et exercices pratiques (en cas d'insuffisance de l'allocation à cet usage provenant des fonds du 2e groupe) ; Nourriture. blanchissage ; Salaire des domestiques employés à l'usage des élèves ; Dépenses accidentelles.

<table>
<tr><td rowspan="2">En deuxième année.</td><td>2e groupe.</td><td>Pension de 600 francs. et reliquat de la 1re année.</td><td>Comme en première année.</td></tr>
<tr><td>3e groupe.</td><td>Traitement de 1,200 fr. réduit à 950 francs par les retenues pour la Caisse des retraites,</td><td>Comme en première année.</td></tr>
</table>

2° Celles desdites sommes qui pourront être allouées mensuellement à chacun pour dépenses extraordinaires de poche.

Les prévisions de ce budget dûment approuvé ne doivent pas être dépassées pour les ordonnancements relatifs à chaque groupe de dépense à moins d'une autorisation spéciale préalablement donnée par l'Administration des forêts.

ART. 26.

Sur la portion qui sera imputable à chacune des périodes mensuelles sur les sommes allouées à titre de fonds de poche, il sera, chaque mois, prélevé d'abord ce qui sera nécéssaire pour solder les mémoires individuels de dépenses extraordinaires; le surplus sera remis à l'élève.

ART. 27.

Les mémoires des traiteurs devront être présentés au Directeur le 1er de chaque mois pour le mois précédent. Toutes les autres dépenses faites pour le compte des élèves seront, autant que possible réglées à ces même époques. Les unes et les autres seront l'objet de mandats (mod. n°   ), délivrés au nom des fournisseurs, individuellement quant à ces derniers et collectivement quant aux élèves qui auront profité des fournitures.

Les remises de deniers de poche aux élèves seront l'objet de mandats collectifs appuyés d'un état nominatif des sommes à distribuer à ce titre; cet état sera émargé par les élèves au moment où chacun d'eux recevra la somme lui revenant

ART. 28.

Lorsque, en vertu de l'autorisation contenue dans le règlement constitutif de l'école, un élève dont les parents habitent Nancy prendra ses repas chez eux, il sera fait, chaque mois, à ceux-ci, par l'agent comptable, en vertu d'un mandat du Directeur au pied duquel ils fourniront quittance, le remboursement d'une somme égale au prix mensuel de l'abonnement payé au traiteur, par chacun des autres élèves de la même promotion.

ART. 29.

Les dépenses de tournée des élèves sont l'objet d'avances faites aux agents ou professeurs dirigeants contre des quittances provisoires de ceux-ci, à charge par eux de produire les justifications d'emploi aussitôt qu'ils seront rentrés à l'École.

ART. 30.

Aucun payement pour deniers de poche ou pour dépenses des élèves autres que celles qui sont réglées par le budget approuvé ne peut être ordonnancé ni effectué au profit d'un élève, si son compte a cessé de présenter un solde actif.

ART. 31.

Au moment où chaque élève quitte définitivement l'École, la balance de son compte est établie. S'il existe un solde créditeur, le montant de ce solde est remis à l'élève contre sa quittance et avis en est adressé aux parents. Si le solde est exceptionnellement débiteur, la somme qui le compose est réclamée à l'élève sortant et à défaut de payement immédiat, à ses parents; lorsque le versement de cette somme n'est pas opéré dans le délai d'un mois, il est opéré suivant le mode indiqué par les articles 14 et 15.

Si le solde est créditeur à la fin de la première année, le directeur de l'École pourra, après autorisation du Directeur des forêts, en employer une partie à l'acquisition des livres reconnus indispensables à l'élève de deuxième année, à l'acquisition des fournitures de bureau, s'il est reconnu que la somme allouée pour ce double usage est insuffisante, ou au payement des frais de tournées d'exercices pratiques s'il est reconnu que les fonds consacrés à cet usage, d'après la prévision mentionnée au second groupe, sont insuffisants. Le traitement des gardes généraux stagiaires correspondant au temps écoulé entre leur sortie de l'École et leur entrée au régiment leur sera remis le 1ᵉʳ octobre ; quant au traitement des élèves passant de la première année à la deuxième année, lequel n'aura pu leur être remis pendant les deux mois de vacances, il sera versé par le comptable au compte créditeur de l'élève.

ART. 32.

Aucun mandat relatif à des fournitures d'objets de matériel ne peut être délivré par le directeur qu'autant que le fournisseur représente un certificat de réception détaché d'un registre à souche par l'agent comptable et énonçant, lorsqu'il y a lieu, le numéro d'inscription sur l'inventaire.

CHAPITRE V.

Matériel.

ART. 33.

L'agent comptable délivre reçu de tout objet de matériel qui entre dans ses mains. Il fait signer par les agents, élèves ou préposés auxquels il remet successivement des objets de cette nature, des reconnaissances qu'il conserve.

ART. 34.

Pour les fournitures de bureau nécessaires aux élèves, le papetier

met un approvisionnement déterminé en dépôt entre les mains de
l'agent comptable, contre un reçu de celui-ci. A la fin de chaque
mois, ce reçu est rendu par le papetier à l'agent comptable, qui,
au même moment, lui fournit récépissé des quantités délivrées aux
élèves et lui restitue le surplus. Un nouveau dépôt est fait ensuite
contre nouveau reçu.

ART. 35.

Les objets mobiliers appartenant à l'État qui ne peuvent plus être
utilisés sont mis, à la fin de chaque année, à la disposition du directeur des domaines de Meurthe-et-Moselle, pour être vendus.
Lorsque la vente en est opérée, l'agent comptable en effectue la
délivrance, le prix en est recouvré, sans son intervention, par le
receveur des domaines à Nancy. Les destructions complètes doivent
être constatées par des procès-verbaux certifiés par le directeur.

CHAPITRE VI.

Écritures.

ART. 36.

Pour la manutention des deniers, l'agent comptable tient :

1° Un registre à souche sur lequel il inscrit, à leur date et sans
lacune, toutes les sommes versées entre ses mains à quelque titre
et par quelque personne que ce soit, même par le trésorier payeur
général, à titre de remboursement de fonds placés, soit à titre
d'avances, soit à titre de payement de débets des parents, en même
temps qu'il détache de ce registre les quittances à délivrer par lui;
des additions y sont faites par journée ;

2° Un livre journal annuel de caisse sur lequel sont enregistrés,
chaque jour, dans des articles recevant une série de numéros d'ordre
non interrompue, tous les mouvements de fonds tant en recette
qu'en dépense ; on y constate, pour mémoire, les remises de justi-

fications au trésorier-payeur général pour emploi d'avances, sans tirer hors ligne le montant de ces remises : le premier article de chaque année reprend les soldes ressortant au 31 décembre de l'année expirée, à chacun des comptes ouverts sur le sommier qui va être indiqué ci-dessous ; le solde devant rester en caisse est établi à la fin de chaque journée où des opérations ont été constatées ;

3° Un sommier, ouvert par année, sur lequel toutes les opérations décrites sur le journal de caisse, y compris les transports de soldes provenant de la dernière année expirée, sont classées dans des comptes portant les titres de :

Fonds d'avances remis par le trésorier-payeur général pour l'exercice courant et emploi de ces fonds ;

Fonds d'avances remis par le payeur pour l'exercice précédent ;

Fonds versés par les parents ou les élèves de la première division et dépenses imputables sur ces fonds ;

Fonds versés par les parents ou les élèves de la deuxième division et dépenses imputables sur ces fonds ;

Placements à la trésorerie générale et retraits ;

Les deux premiers comptes reçoivent, dans une colonne spéciale, à côté des recettes et dépenses, la mention des remises de pièces faites au trésorier payeur général.

Les sommes inscrites à chacun des comptes sont totalisées distinctement par mois, les totaux mensuels sont additionnés ;

4° Un livre des comptes courants des élèves, sur lequel sont dépouillées, jour par jour, les recettes et les dépenses effectuées pour le compte de chacun.

ART. 37.

Pour la manutention des matières, l'agent comptable tient :

1° Un registre à souche d'où il détache les reçus à délivrer par lui au moment de chaque entrée, même pour les dépôts mentionnés à l'article 34 ;

2° Un sommier d'entrée et de sortie des objets de consommation par espèces, avec distinction de ceux destinés aux services à la charge du Trésor et ceux destinés aux services à la charge des familles ou des élèves ;

3° Un carnet pour les **objets reçus en dépôt, en** vertu des dispositions de l'article 34 ;

4° Pour chaque catégorie d'objet de collection (bibliothèque, cabinet d'histoire naturelle, instruments extraordinaires) et de fonds d'établissement (mobilier, modèles, instruments pratiques), un inventaire sur lequel chaque article est consigné avec un numéro d'ordre particulier, qui est reproduit sur l'objet lui-même et avec l'indication des dates d'entrée et de sortie ;

5° Un carnet sur lequel sont consignés les objets sortis des inventaires ci-dessus pour cause de mise hors service, et où il est tenu note des reprises de ces objets ou de leur sortie définitive par voie de vente ou de destruction complète.

ART. 38.

L'agent comptable tient, en outre, les registres afférents au service du directeur comme ordonnateur.

CHAPITRE VII.

**Contrôle, documents périodiques
à fournir au Ministère de l'Agriculture
et Comptes de gestion.**

ART. 39.

A la fin de la dernière journée de chaque mois, le directeur de l'École arrête le solde du journal de caisse tenu par l'agent comptable et vérifie les valeurs existant dans la caisse de cet agent en dressant un bordereau de ces valeurs, qu'ils signent l'un et l'autre et où le solde des déplacements est relaté pour mémoire d'après le livre successivement annoté par la trésorerie générale.

ART. 40.

Le Directeur, en arrêtant le journal de caisse, le 31 décembre, arrête, en même temps, le journal à souche de la comptabilité en deniers et celui de la comptabilité des matières. Les volumes, ainsi arrêtés, cessent d'être employés.

ART. 41.

Dans la première quinzaine du mois de septembre de chaque année, le directeur, assisté de l'agent comptable, procède au recensement des objets de consommation qui restent en magasin ; il est dressé et transmis à l'Administration procès-verbal de cette opération.

ART. 42.

A la clôture de chaque année, l'agent comptable dresse un inventaire des objets restant sous sa garde ; cet inventaire qui, pour les objets de collection et de fonds d'établissement, se borne à résumer les quantités subsistantes, en se référant, pour le détail, aux inventaires permanents prescrits par le paragraphe 4 de l'article 37, est certifié par le directeur après recensement.

ART. 43.

Dans le courant du mois de janvier de chaque année, l'agent comptable établit, pour l'année expirée, les deux comptes de gestion mentionnés à l'article 8.

ART. 44.

Le compte des opérations en deniers constate :

Les valeurs qui se trouvaient en caisse au 31 décembre de l'année antérieure à celle que concerne le compte ;

Le montant de toutes les sommes reçues et payées pendant l'année, divisées suivant les chapitres et articles du budget et avec report des restes à recouvrer et des restes à payer provenant de l'année antérieure ;

Les valeurs restant en caisse au 31 décembre.

ART. 45.

L'agent comptable joint à ce compte, afin d'en justifier le contenu :

1° Pour le service du Trésor, un relevé, certifié par le directeur des mandats émis par celui-ci au nom de l'agent comptable sur la caisse du trésorier-payeur général et les expéditions des bordereaux de remises d'acquits justificatifs que le payeur a revêtus de ses déclarations de réceptions ;

2° Pour les services à la charge des familles ou des élèves :

Des états nominatifs, certifiés par le directeur, des élèves composant chacune des divisions aux époques du 1ᵉʳ janvier et du 31 décembre, avec indication des mouvements qui auraient pu se produire entre le 1ᵉʳ janvier et le 1ᵉʳ septembre ;

Un relevé, également certifié par le directeur, du budget et des autorisations spéciales mentionnées à l'article 25 ;

Les mandats, pièces à l'appui et quittances constatant l'exécution de l'ordonnancement et le payement des dépenses acquittées. Ces mandats sont classés par articles du budget rappelés ci-dessus et récapitulés sur des bordereaux.

ART. 46.

Le compte en matières constate les quantités d'objets de chaque espèce qui existaient à l'ouverture de l'année, celles qui sont entrées et sorties pendant ladite année, enfin les quantités et valeurs des objets existant à sa clôture. Des chapitres spéciaux indiquent les mouvements et la situation des objets hors de service et des fournitures de bureau en dépôt.

Ce compte est appuyé du registre à souche prescrit par le paragraphe 1ᵉʳ de l'article 37, des reconnaissances de délivrance mentionnées en l'article 33, des reçus à souche rentrés en vertu des dispositions de l'article 34, de bordereaux récapitulatifs, enfin de l'inventaire dressé en vertu de l'article 42.

ART. 47.

Les deux comptes sont attestés par l'agent comptable, certifiés conformes aux écritures par le directeur et transmis, avant le 1er mars, à la Cour des comptes, avec les justifications indiquées par les articles 45 et 46.

CHAPITRE VIII.

ART. 48.

Sont abrogées les dispositions des arrêtés ministériels en date des 3 juin 1858, 18 juillet 1888, 12 octobre 1889 et 10 octobre 1893, en ce qu'elles pourraient avoir de contraire aux dispositions du présent règlement.

Fait à Paris, le 18 mars 1897.

J. MÉLINE.

ARRÊTÉ

CONCERNANT L'ADMISSION D'ÉLÈVES EXTERNES

À L'ÉCOLE NATIONALE FORESTIÈRE.

Le Ministre de l'Agriculture,

Vu le décret du 12 octobre 1889, réorganisant l'École forestière de Nancy;

Sur la proposition du Directeur des Forêts,

ARRÊTE :

ARTICLE PREMIER.

Tout élève admis par le Directeur des Forêts comme externe à l'École nationale forestière doit se présenter, à Nancy, au Directeur de l'École, avant le 15 octobre de l'année scolaire et faire connaître les cours qu'il désire suivre pendant cette année.

Le Directeur de l'École lui remet une carte personnelle indiquant les cours pour lesquels il s'est fait inscrire et l'accréditant auprès de l'Inspecteur des études et des professeurs.

ART. 2.

L'élève externe, par le fait même de son inscription, s'engage à suivre régulièrement les cours, à observer les règlements et ordres généraux relatifs à la discipline intérieure et à s'abstenir, **au dehors,** de tout acte pouvant nuire au bon renom de l'École.

ART. 3.

Les élèves externes sont admis, si les professeurs le jugent possible, aux exercices pratiques et aux excursions au dehors. Dans ce cas ils doivent préalablement consigner, entre les mains de l'Agent comptable, les sommes présumées nécessaires pour couvrir les frais de ces excursions.

ART. 4.

Le Directeur de l'École peut temporairement interdire l'entrée de l'École à tout externe qui aura troublé l'ordre pendant les leçons ou qui aura causé du scandale au dehors. L'exclusion définitive sera prononcée par le Directeur des Forêts.

ART. 5.

Les élèves externes doivent conserver toute l'année les places qui leur ont été assignées par l'Inspecteur des études. Ils devront être rendus aux amphithéâtres aux heures indiquées par les tableaux de l'emploi du temps. La leçon commencée, nul ne sera plus admis.

La présence des élèves externes est constatée, par l'appel des adjudants, au commencement de chaque cours.

ART. 6.

Les élèves externes qui désirent obtenir un diplôme ou un certificat de capacité sont admis à passer un examen annuel sur chacun des cours pour lesquels ils se sont fait inscrire. En principe, ces examens sont passés à la fin de l'année scolaire; il pourra être fait exception à cette règle en ce qui concerne les cours de droit et d'histoire naturelle, qui pourront être passés à la fin du premier semestre.

Chaque examen est définitif et ne peut être renouvelé pour aucun motif.

ART. 7.

L'élève externe qui se déclare hors d'état de subir les examens correspondant à son année d'études peut, sur la proposition du Directeur de l'École, être admis à recommencer cette année. En aucun cas, et pour quelque motif que ce soit, aucun élève ne sera autorisé à suivre pendant plus de trois années les cours de l'École.

ART. 8.

Ne seront admis à passer l'examen annuel que ceux qui auront atteint les quatre cinquièmes du nombre total des présences à l'amphithéâtre pour chacun des cours auxquels ils sont inscrits.

Les absences pour cause de maladie ne seront défalquées que si l'élève justifie d'un certificat du médecin de l'École, pour les époques correspondant à ces absences. Les absences motivées pour toute autre raison que la maladie doivent être expressément autorisées par le Directeur de l'École.

ART. 9.

Le certificat de capacité sera délivré par le Directeur des Forêts. Il ne pourra être accordé qu'à l'élève qui aura obtenu, dans l'ensemble des notations, une moyenne générale de 10, sans avoir eu dans aucune matière une cote inférieure à 7.

ART. 10.

Lorsque le certificat de capacité n'aura pas été obtenu, et si l'élève n'a été l'objet d'aucun reproche au point de vue de la conduite, le Directeur des Forêts pourra, sur la proposition du Directeur de l'École forestière, lui délivrer un certificat d'assiduité, constatant la durée de sa présence à l'École et mentionnant les cours qu'il a suivis.

5

ART. 11.

En dehors des frais d'excursions, l'instruction donnée aux élèves externes est entièrement gratuite; mais ils doivent se fournir, à leurs frais, des livres et instruments qui leur sont nécessaires.

Fait à Paris, le 30 octobre 1893.